AF595181

QUATRIEME REPONSE

DE MADAME DE SAINT-VINCENT aux quatrieme & cinquieme Obſervations de M. le MARÉCHAL DE RICHELIEU.

MARION vient de faire imprimer deux de ſes ouvrages ſous ſon titre ordinaire d'*Obſervations*; il les cache par la crainte de les voir mourir avant de naître; il ſe couvre lui-même des ſignatures de M. le Maréchal & de ſon Défenſeur; mais on le voit à découvert par ſon ſtyle hériſſé d'invectives, & ſa logique diſcordante.

Il ne prétend plus *convaincre* Madame de Saint-Vincent des trente-quatre crimes dont il avoit comploté de la faire ſoupçonner coupable; ſon dernier effort eſt de perſuader que le calcage à la vitre eſt la choſe du monde la plus aiſée; tout Paris s'en mêle; & il a la témérité d'avancer que juſques aux Magiſtrats y réuſſiſſent, & ſur une impoſture auſſi révoltante, il met en théorême que *cet artifice eſt le point capital de cette affaire* *. Mais ſi le calcage étoit poſſible, & que ce fût réellement *par cet artifice* que les billets & lettres euſſent été écrits & ſignés, il ſemble à tout eſprit juſte, que

* Premiere Obſervation, pag. 8.

le point capital de cette affaire feroit de découvrir le calqueur dans la foule de ceux que Marion fuppofe qui ont appris & enfeigné *cet art funefte.* Eh, qui pourroit l'être, finon celui qui fe vente d'être inftruit à fond de la théorie & de la pratique d'une fcience felon lui fi facile, & qui pour toute bibliotheque a le traité d'un Ecrivain, enterré il y a cent ans, qui lui a appris tous les fecrets du calcage.

* Dans fon fecond Imprimé.

Marion tranfcrit * les chapitres IV & X d'un livre imprimé, dit-il, en 1673 fous le nom de *Ragueneau*, duquel il eft évidentiffime qu'il a levé le plan du procès infernal dans lequel il s'étoit propofé d'abforber Madame de Saint-Vincent, & d'humilier fes illuftres parens qui attendoient le retour de la Juftice pour lui déférer le crime capital de M. de Richelieu.

Ses Experts commenfaux & les témoins de Poitiers ont fuivi à la lettre les deux chapitres d'*écriture imitée*, & *de fignature contre-tirée*, du rudiment de Marion; ils en ont employé les mêmes expreffions; fon Auteur ayant cité deux exemples, l'une de fignature contre-tirée fur une véritable, l'autre de fept lignes dont les mots avoient été pris en diverfes pieces; Marion a eu la gaucherie d'en faire le plagiat pour les adapter à Madame de Saint-Vincent, comme fi elle eût appris fon Ragueneau par cœur. Elle n'en avoit jamais entendu parler.

La preuve de fubornation & de faux témoignage ne pouvoit être rendue plus complette que par la citation d'un Livre ignoré, dont Marion feul paroit avoir fait fa principale étude. Que l'on compare ce qu'il en a fait imprimer avec les dépofitions de fes Experts, & des femmes qu'il qualifie de *tarées* *, on ne doutera plus qu'il les ait publiées un mois avant qu'elles fuffent rédigées à Poitiers. On lui avoit marqué que ces fem-

* Pag. 29 des premieres Obfervations, avant derniere ligne.

mes commodes se chargeoient de répéter son modele, dont les copies couroient à Paris.

Il n'est point vrai, comme il l'annonce *, qu'en lisant son Traité, *on y verra que le contre-tirement* A LA VITRE *étoit connu & pratiqué il y a plus d'un siecle*; son Auteur n'y prononce pas une seule fois le mot *calcage*, & ne dit point que le contre-tirement se fait *à la vitre*; au contraire, il s'explique ainsi, *quant à la maniere, je ne la rapporterai point ici.* * Il distingue « l'imitation *naturelle* de *l'artificielle*. La premiere se » fait en écrivant, comme l'écolier qui copie l'exemple de son » maître; elle est plus certaine lorsqu'elle est faite *par une* » *main intelligente & assurée*; mais elle est la plus difficile, parce » que rarement cette voie produit une véritable conformité; » *& si par hasard entre une grande quantité de signatures que* » *l'imitateur pourra faire, il s'en rencontre une bien faite, ce* » *qui peut arriver, elle est plus difficile à découvrir* ».

* Pag. 2 des Observations nouvelles.

* Pag. 3, *ibid.*

C'est sur ce raisonnement que Marion a fait déposer à ses Experts que l'écriture & les signatures de M. le Maréchal ont été imitées naturellement *par un homme accoutumé à les contrefaire*, quoique l'Auteur ne parle que d'une signature unique, *qui, dans une grande quantité, peut par hasard se trouver bien faite par une main intelligente & assurée*; mais cette imitation naturelle étant la plus difficile, Marion a choisi l'autre, tant pour les signatures, que pour les écritures continues.

« *L'imitation artificielle* (continue Ragueneau) *est plus facile*, » parce qu'il y a de l'ordre & de la regle pour y parvenir; & » quand *une excellente main* (ce n'est pas celle de Madame de » Saint-Vincent) les suit, elle est aussi difficile à découvrir que » la naturelle.....

» La forme trop réguliere d'une écriture, & particulierement

» d'une ſignature, peut être ſuſpecte, parce que ſi dans une » comparaiſon de ſignatures, *il s'en trouve deux ſemblables en* » *hauteur, groſſeur, & même étendue, l'affectation évidente feroit* » *juger de la fauſſeté* », (voilà le germe des dépoſitions de Paillaiſſon & de Potier) » *parce qu'il eſt impoſſible de faire deux* » *ſignatures dans une conformité ſi parfaite, ſi ce n'eſt par le* » *contre-tirement* ». Paillaſſon & Potier n'ont pas manqué de répéter la même erreur; elle eſt ſi ſenſible, qu'à vérifier & comparer les ſignatures de tous les hommes publics, on en trouveroit cinq cens dans mille, ſi parfaitement ſemblables en hauteur, longueur, diſtance, liaiſon & formation des lettres, que l'œil le plus clair-voyant les prendroit l'une après l'autre pour la même; & ce n'eſt pas une viſion, puiſque la Cour a ſous ſes yeux des ſignatures de M. le Maréchal qu'il avoue, & qui, faites à des années de diſtance, ſont au compas, de la même forme, de la même longueur que celles d'une partie de ſes billets. Ce qui lui eſt arrivé deux & trois fois, peut ſe rencontrer dix & vingt; & puiſqu'une main étrangere en a la faculté avec application, ſelon le pédagogue & les Experts de Marion, comment la main originale, naturelle & d'habitude, ne l'auroit-elle pas? On prouve la poſſibilité par le fait & l'exécution.

Que la Cour ait la complaiſance de ſe faire paſſer de main en main les billets, les lettres arguées, celles qui ne le ſont pas, & les différentes ſignatures de M. le Maréchal qui ſont au procès, au bas de ſes plaintes, Requêtes, &c. elle y reconnoîtra un caractere d'écriture inimitable, qui n'appartient qu'à M. le Maréchal, & qu'il eſt impoſſible d'imiter naturellement ou artificiellement.

Il n'y a pas d'imitation plus parfaite que celle de ſoi-même.

Si les longueurs des ſignatures ſont exactes, ou c'eſt habitude, ou c'eſt haſard, ou c'eſt affectation; en prendre prétexte pour dénier ſes billets, & payer ſes créanciers d'une inſcription de faux, c'eſt une horreur! Rien de plus facile à un débiteur que de compaſſer ſa ſignature; il ne lui faut que deux points pour la renfermer dans cette longueur qu'il ſe preſcrit, & ſans calcage ni contre-tirement, il peut conduire ſa plume en allongeant ou rétreciſſant ſes lettres, afin que le dernier trait tombe préciſément ſur le point final qu'il ſe ſera marqué.

Des ſignatures que M. le Maréchal argue, il y en a qui ſont égales en longueur; d'autres plus étendues ou plus courtes. Les lettres entr'elles ne ſont pas ſemblables ni à la même diſtance; M. le Maréchal, maître de ſa main, les a formées comme il a voulu; mais il ne faut que des yeux pour y reconnoître le caractere ſingulier de l'écriture incalcable de M. le Maréchal. Marion confeſſe, comme Me Dumoulin, qu'il faut être PRÉVENU de ſes miſérables chicanes, pour ne pas jurer & affirmer que les ſignatures ſont véritables; lui-même l'avoit atteſté à Me *Guinot*, Avocat, qu'on n'a pas voulu entendre au Châtelet. Le ſieur *Sube*, Contrôleur de M. le Maréchal, qu'une mort trop prompte vient d'enlever, a ſoutenu juſqu'au dernier ſoupir, qu'il étoit certain que les ſignatures ſont de M. le Maréchal. *Doumain*, avant ſa ſubornation, offroit *ſa tête à couper & à mettre au feu, ſi les ſignatures n'étoient pas de M. le Maréchal.* L'Avocat au Conſeil, & le Procureur au Parlement de M. le Maréchal, & une multitude d'autres en avoient reconnu la ſincérité; & parce que Marion aura eu la déteſtable adreſſe de bâtir un projet ſur ſon traité de Raguenau, on révoquera en doute la conviction que les yeux, l'évidence & la certitude portent dans le cœur; on croira des chimeres; on rejettera les preuves par écrit, & les présomptions de droit ; l'innocence, excessivement tyrannisée pendant dix-huit mois, succombera sous le poids énorme des véritables criminels? Non, cette horrible crainte n'est point à redouter dans le plus auguste des Tribunaux, dont toutes les Nations attendent le Jugement de Salomon.

L'imagination du calcage à la vitre n'est venue à Marion, que parce qu'il avoit lu dans son *Ragueneau* * que cet Expert en présentant deux signatures à la vitre, avoit apperçu qu'elles se couvroient si exactement, qu'il n'en paroissoit qu'une ; ce qui lui fit penser que celle arguée étoit fausse, & avoit été contre-tirée sur l'autre, admise pour piece de comparaison, & toutes les deux produites par une Demoiselle.

* Nouv. Observ. pag. 6 & 7.

Il y a une différence totale entre comparer deux signatures à la vitre, & faire un calcage vertical sur la vitre. « L'Auteur examina ensuite les lettres de la signature qu'il suspectoit ; *les traits en furent trouvés faits de plusieurs petits coups de plume, lentement & pésemment ;* au lieu que les signatures de comparaison étoient faites *hardiment*, les traits poussés *vivement*, avec un air gai ».

Telle a été la matiere des thêmes de Paillasson & de Potier : s'il prend fantaisie à Marion de les imprimer, ce sera une seconde édition de Ragueneau, à quelques petits changemens près qu'il ajuste à ses méditations.

Il y a un point essentiel à remarquer dans le récit de Ragueneau ; des deux signatures que présentoit la même personne ; l'une avouée & prise pour piece de comparaison, fut reconnue pour le *type* & le modele de celle inscrite de faux.

Il ne s'agit pas dans le procès actuel de deux signatures seulement, mais de treize, y compris la lettre au sieur Benavent.

Le *type* n'en paroît point ; Marion, pour éluder cette objection, a fait dire à ses Experts *que l'usage étoit de le déchirer*, usage qui n'étoit pas établi du tems de Ragueneau, puisque de deux signatures seulement, la véritable avoit servi de *type* à la fausse. Il faudroit donc chercher celui des signatures des douze billets ; & puisqu'on s'en rapporte à Ragueneau, il enseigne qu'on le trouvera dans la parfaite ressemblance de deux signatures, ensorte que l'une seroit véritable & l'autre fausse ; ainsi l'un des huit billets dont on prétend les signatures égales, & un second du nombre des quatre dont les signatures se ressemblent, doivent être les *types* des autres. Voilà donc, selon les Adversaires, & l'autorité qu'ils opposent, au moins deux des billets qui nécessairement sont vrais, par la seule raison que les signatures des autres en ont été contre-tirées. Se soustraire à cette démonstration par le subterfuge ridicule que les deux *types* ont été déchirés, vaine allégation sans preuve, qui, suivant les Ordonnances, doit être rejettée en Justice, & ne peut en imposer à des Juges qui connoissent les regles & les maintiennent.

L'usage supposé est un mensonge confondu par la citation même de Ragueneau, qui ne s'est déterminé à déclarer une signature fausse, qu'en tenant à la main la véritable qui avoit servi de *type*, & en les présentant toutes les deux à la vitre, où le transparent lui démontra qu'elles se couvroient.

Marion a senti que cette circonstance étoit frappante, il a publié dans tous ses imprimés que les signatures des huits billets, & celles des quatre présentées l'une sur l'autre à la vitre, se couvroient si parfaitement qu'il n'en paroissoit qu'une ; il a même l'audace de répandre dans le public que cette comparaison a été faite par plusieurs Magistrats.

Madame de Saint-Vincent doit venger la Magiſtrature de ces imputations calomnieuſes. Il eſt faux & phyſiquement impoſſible, de comparer aucunes ſignatures des douze billets, en les préſentant à la vitre. Les Experts y ont mis bon ordre, en écrivant ſur le revers de toutes les ſignatures, la mention de leurs paraphes en deux demi-lignes paralleles, ſerrées de près l'une contre l'autre, & avec une encre ſi noire, qu'il eſt de toute impoſſibilité de voir à la lumiere ſi deux ſignatures ſe couvrent, ni diſtinguer un ſeul trait des lettres ; tout ce qu'on peut appercevoir en accolant deux billets, c'eſt une maſſe & un fond d'encre qui ſort de quatre lignes d'écritures l'une ſur l'autre aux *verſò* & *recto* : un mur de ſéparation ne produiroit pas plus d'effet.

Qu'on ne croie pas que ce ſoit ſans deſſein qu'on a pris cette précaution ; il ſeroit bien extraordinaire que la même opération eût été répétée ſur douze billets, préciſément au dos des ſignatures, par une ligne coupée pour en former deux, pendant qu'il y avoit des places vuides ſur les deux faces du papier, tant au-deſſus, qu'au-deſſous & à côté.

Les Accuſés auxquels on avoit recommandé lors des confrontations de faire l'épreuve de deux ſignatures l'une ſur l'autre pour s'aſſurer ſi effectivement elles ſe couvroient, & ſi deux n'en repréſentoient qu'une à la vitre, atteſtent tous qu'il ne leur a pas été poſſible de faire cette vérification ; qu'ils ont été néceſſité de ſe borner à meſurer au compas les ſignatures, les différences des lettres qui les compoſent, leur hauteur, largeur & diſtance ; & c'eſt infailliblement parce que Marion avoit pris avant eux les mêmes meſures, & qu'il voyoit que des lettres diſſemblables dans les ſignatures, ne pouvoient pas à la vitre, de deux n'en repréſenter qu'une, qu'il a fait faire à ſes Experts les deux demi-lignes au dos de toutes les ſignatures.

C'eſt donc manquer de reſpect aux Magiſtrats, de les prendre à témoins d'un fait que tous peuvent vérifier être faux, par la ſeule inſpection des pieces.

Marion ne s'en tient pas à ce premier menſonge, il oſe imprimer « qu'une foule de perſonnes ont eu la curioſité de » vérifier par elles-mêmes l'opération (du calcage à la vitre); » qu'elles y ont réuſſi; que *peut-être pluſieurs des Magiſtrats,* » *jaloux d'éclairer leur religion dans une affaire auſſi impor-* » *tante, en auront-ils tenté eux-mêmes l'épreuve* : ſi le pu- » blic, qui ne l'a fait que par un eſprit d'impartialité, a re- » connu par ſa propre expérience la poſſibilité de l'opération; » *ſi nos Juges ont raſſuré leur propre conſcience par une épreuve* » *perſonnelle*, nous pouvons abandonner les diſſertations » *ſavantes* qu'on nous oppoſe à leur propre *futilité* (des diſſertations *ſavantes & futiles* quel contraſte!) *il n'y a point* » *de raiſonnement qui puiſſe détruire un fait* ».

* Prem. Obſerv. pag. 9,

Ce beau langage de Marion commence par un *peut-être*, & finit par *un fait poſitif*, que *des Magiſtrats Juges* ont fait l'épreuve du calcage, & qu'il en eſt le confident. Madame de Saint-Vincent n'eſt point alarmée de cette eſpece de menaces; elle connoît le génie qui oſe la jetter en avant. Tout Paris crie à l'extravagance du calcage à la vitre de douze billets & vingt-deux lettres.

Madame de Saint-Vincent eſt bien éloignée de penſer que des Juges ſouverains, qui apprennent aux inférieurs les devoirs de la Magiſtrature & les diſpoſitions des Ordonnances, ſe rendent eux-mêmes Experts, témoins, ouvrent leur avis ou le donnent à pénétrer.

Si quelqu'un l'avoit entrepris *pour inſtruire ſa religion*, ce ſeroit dans le ſecret, & loin de le révéler à Marion pour le faire imprimer, il ne pourroit pas même s'en servir dans son opinion; ce seroit à l'instant cesser d'être Juge; tel que celui qui a vu commettre un homicide ne doit pas sur sa propre science condamner le coupable qui seroit accusé devant lui, & contre lequel il n'y auroit aucune preuve légale; & au contraire si c'étoit un innoncent qui fût accusé, & que deux témoins déposassent lui avoir vu commettre le crime, la rigueur des regles forceroit le Magistrat, témoin personnel de son innocence, à le condamner.

Madame de Saint-Vincent ne se permettra pas de citer les autorités en grand nombre qui établissent ces maximes; elle s'en tient à sa défense, bien persuadée que quiconque seroit d'avis que le calcage est possible, n'en concluroit pas comme Marion, que les billets & lettres ont été calqués, & que s'ils l'étoient, elle en seroit coupable sans autre preuve ni indice que les fausses imputations de M. le Maréchal & de son Intendant.

Le Public, cité par Marion, se réduit à son *Paillasson*, qui supposa à MM. les Commissaires avoir calqué à la vitre une signature de M. le Maréchal qu'il n'a osé montrer; & pressé par le sieur de Vedel, il refusa constamment de déclarer quel tems il avoit employé à contre-tirer cette signature: il a compris que l'aveu qu'il en pourroit faire le conduiroit à spécifier les mois, les années & les siecles qu'il lui faudroit pour calquer douze signatures, douze *bons pour*, & vingt-deux lettres.

Que M. le Maréchal s'engage à trouver un calqueur assez adroit qui s'acquitte sous les yeux de la Cour de cette multitude d'opérations; que Marion lui-même qui s'est fait une étude de cette science qu'il veut mettre en vogue, exécute cette fameuse entreprise, *erit mihi magnus Apollo*. Mais en vain prouveroit-il la possibilité, sans prouver l'acte.

Le second exemple repris de Ragueneau, est celui sur lequel les dépositions de Poitiers ont été préparées. « *J'ai vu* » (dit l'auteur) *une piece composée de six à sept lignes, qui* » *avoit été contre-tirée mot à mot sur quantité d'écritu-* » *res d'une même personne; tous les mots y contenus ayant* » *été pris un mot dans une piece, un autre mot dans une au-* » *tre, tant qu'il en avoit fallu pour en composer le dis-* » *cours* ». * Observ. nouv. pag. 7.

Que l'on compare ce récit à celui des femmes Martiniere & Godiniere, on admirera qu'elles se soient par la plus grande justesse rencontrées avec Ragueneau à un siecle de distance.

La premiere dépose « que Madame de Saint-Vincent, pour » contrefaire l'écriture de M. le Maréchal, se servoit d'une » vitre, & lorsque les phrases ne quadroient pas en entier » à son projet, *elle prenoit un mot dans une lettre, un au-* » *tre mot dans une autre lettre, & ajustoit ainsi une suite de* » *discours* ».

La seconde: « Madame de Saint-Vincent contrefaisoit des » lettres de M. le Maréchal en les appliquant contre une » vitre, en mettant à l'envers un papier sur lequel elle co- » pioit ce qu'elle vouloit; & lorsqu'une phrase entiere de » M. le Maréchal ne convenoit pas au projet de Madame de » Saint-Vincent, *elle prenoit un mot dans un endroit, &* » *un mot dans un autre; de sorte qu'elle composoit une suite* » *de discours relatif à ce qu'elle vouloit faire* ».

N'est-ce pas un prodige surnaturel que des femmes renfermées dans un Couvent aient répété en 1774 les mêmes expreſſions d'un Livre imprimé en 1673, qu'on ne trouve nulle part, & que Marion poſſede?

N'eſt-ce pas un myſtere incompréhenſible que, ſix jours après que ces femmes ont parlé, Paillaſſon & Potier viennent à l'appui, & ſe ſoient littéralement conformés aux chapitres 4 & 10 de Ragueneau, dont Marion donne l'autorité pour preuve?

La premiere partie de l'opération des Experts eſt le plagiat du chapitre 4 de Ragueneau; la ſeconde une verſion du chapitre 10, à l'exception que Ragueneau ayant eu la prudence de ne vouloir pas enſeigner la maniere de parvenir *à l'imitation artificielle qui eſt la plus facile*, Marion en a lourdement conclu que ce devoit être le calcage à la vitre, parce que l'Auteur avoit découvert un *contre-tirement* quelconque en préſentant deux ſignatures à la vitre; & lorſqu'on démontre l'impoſſibilité du calcage vertical, Marion découvre la ſource où il avoit puiſé ſon ſyſtême; on laiſſe à la ſageſſe de la Cour les réflexions.

Admettons pour une minute, & pas davantage, la poſſibilité du calcage vertical avec une liqueur fluide, reſteroit à prouver que les billets & les lettres ont réellement été calqués, quelle eſt *la main intelligente & aſſurée* qui a commis ces trente-quatre faux, & de quel *type* elle a fait uſage. Marion ne prouve aucun de ces trois *points capitaux*; mais il donne à penſer qu'il ſeroit lui-même le calqueur, s'il eſt sûr, comme il le prétend, de la facilité de cette fabrique, que les lettres & billets de M. le Maréchal en ſortent, & que lui Marion ſoit un Docteur & paſſé maître dans une ſcience auſſi dangereuſe

Qu'il faſſe le procès aux pieces, & qu'il vante publiquement que M. le Maréchal les fera déclarer fausses sur sa parole; on leur demandera toujours où est le faussaire? Il est de nécessité de le connoître & de le convaincre. Ce n'est pas Madame de Saint-Vincent ni les autres Accusés, puisqu'il n'existe contr'eux ni preuve de quelque espece qu'elle puisse être, ni présomption, ni vraisemblance. ni possibilité, ni la millieme partie d'un adminicule, malgré les horribles vexations exercées contre eux.

Si les billets sont calqués, d'où viennent-ils? De l'Hôtel de Richelieu. Là réside un Marion qui atteste que les billets sont calqués sur la vitre, qu'il en est personnellement certain; & pour le persuader, il fait réimprimer deux chapitres d'un Livre, sur lesquels il est visible qu'il a dirigé l'instruction du procès.

Là réside un Clermont qui confesse avoir séduit Doumain par des louis, & le prix de sa liberté. * Prem. Observ. pag. 3.

Là sont reçus amicalement les Auvray, les Combettes, les Roquetaillade, &c. Arrêtez, dit Marion, vous confondez quatre moyens que je vais vous apprendre à distinguer. 1°. Les *reproches* qui ne doivent frapper que sur les qualités des témoins. 2°. *Le fond des dépositions* qui ne s'examine qu'en jugeant le procès. 3°. *Le faux témoignage* qui tient aussi du fond. 4°. *La subornation* que vous abandonnez, en démontrant qu'elle est avouée, & qu'il n'est plus besoin de la prouver.

Réponses.

Marion est aussi foible Praticien que pitoyable raisonneur. Que la subornation des témoins confessée judiciairement, & leur faux témoignage prouvé par leur rétractation ne soient pas des reproches valables; l'idée est si bizarre, qu'on a honte de la réfuter.

Quand on reproche des témoins comme *parens*, *alliés*, *amis*, *serviteurs*, *domestiques*, ce n'est pas que ces qualités soient des crimes ; elles ne font naître que des soupçons d'être *prévénu*, comme Me Dumoulin, en faveur de la Partie civile. La Loi craint que des personnes attachées par quelques liens à l'Accusateur ne penchent à l'obliger, & quoiqu'ils seroient incapables de s'écarter de la vérité, étant suspects de se laisser entraîner à la subornation & au faux témoignage, la Justice les rejette & ne les écoute pas, quand même ils déposeroient avec candeur & fidélité.

Si ce motif de délicatesse (qui sans être prouvé ni véritable) anéantit des dépositions sinceres, il seroit absurde que la réalité du faux témoignage & de la subornation, dont les preuves sont par écrit, & les aveux formels, ne fût pas un reproche admissible ; le crime du parjure, du séducteur & du faux témoin, auroit plus de faveur & de privilége que la probité de l'homme de bien. Tels sont les préceptes de Marion.

Mais si la subornation & le faux témoignage prouvés sont des reproches plus décisifs que le simple soupçon, qu'en peut faire concevoir la parenté, vous allez, dit Marion, démonter toutes mes batteries qui m'ont donné tant de peines, & coûté tant d'argent à M. le Maréchal. Suivant l'Ordonnance il faudra juger ces reproches avant le fond ; si vous renvoyez tous les faux témoins, il ne reste plus dans le procès que la conviction que les billets sont de M. le Maréchal, & que pour en éviter le paiement, il s'est livré à des fureurs, des voies de faits, & des calomnies atroces qu'il faudra nécessairement punir ; il y auroit un parti plus avantageux à prendre, ce seroit de commencer par juger le fond : on examineroit ensuite s'il y a des preuves suffisantes de subornation & de faux témoignage. Pour moi, continue l'Intendant, je n'en trouve point, en prenant séparément chacun de vos reproches, que je veux qui ne soient que des moyens du fond.

Les reproches généraux qui contiennent le paralelle de l'affaire de Rennes, « *ne peuvent servir qu'à prouver* LE FANA- » TISME ». Ce gros mot qui revient à celui d'*obstination insensée*, ne peut pas être de l'Avocat qui a signé le Libelle sans y faire attention; il est plus que téméraire au Greffier Intendant de se donner une pareille licence. * Prem. Observ. pag. 7. * Lettre du 2 Sept. 1771.

Les reproches contre les Experts ne sont à son avis que *puérilités*; la suppression du rapport de Guillaume *est rejetée*. (Cela est faux.) Pag. 16.

Il n'y a que de l'indiscrétion à Clermont d'avoir donné de l'argent & promis la liberté à Doumain; si ce dernier a pour ce prix affirmé que des signatures qu'il avoit certifiées vraies sont à-présent fausses, *c'est parce que, comme on l'a dit vingt fois, une signature calquée trompera presque toujours au premier coup d'œil.... une personne qui n'est point prévenue*. Observ. p. 17.

Or, si des signatures calquées trompent presque toujours au premier coup d'œil, celles qui sont arguées ressemblent donc bien à l'écriture & au caractere de M. le Maréchal. Comment! il suffira à des témoins d'être *prévenus* par Marion, & subornés par Clermont, pour que des signatures reconnues vraies deviennent fausses? Dans quel siecle & quel pays vivons-nous?

M. le Maréchal a contre lui la ressemblance parfaite de sa signature, le coup d'œil qui persuade toujours, l'attestation même des faux témoins, la conduite criminelle & scandaleuse qui a servi de cause aux billets; & il suffira à son Intendant de prononcer le mot *calcage*, tout change par la vertu de son talisman, le vrai est faux, l'innocent criminel & le débiteur quitte.

Prouvez donc (continue Marion) *la subornation des témoins, ou n'en parlez plus, vous n'en offrez pas même la preuve..... Les Mémoires de Madame de Saint-Vincent prouvent trop bien qu'une imputation n'est pas une preuve..... Il n'existe pas le moindre commencement de preuve des faits* de subornation & de faux témoignage *qui ne sont pas même articulés.*

* Observ. p. 15, 33 & 24.

Réponses.

L'Intendant de M. le Maréchal perd la tête en tenant ce langage qui le confond. Qu'il commence lui-même par prouver que les signatures, les constatés des billets, & les lettres arguées, non-seulement sont calquées & fausses, mais encore que Madame de Saint-Vincent est l'auteur de toutes ces opérations. Ses témoins ne l'ont point vu calquer; qu'il en cite un seul qui le dépose. Le prétendu calcage n'est point prouvé par les interrogatoires, ni par aucune piece par écrit, ni par la représentation & comparaison des *types*; & Marion confesse humblement que Madame de Saint-Vincent *prouve trop bien que l'imputation n'est pas une preuve.* Elle peut donc rendre à ce Praticien inconséquent, ses propres paroles : *vous ne pouvez ni n'offrez de prouver; vous n'avez pas le moindre commencement de preuve, & n'articulez pas même* un fait positif & personnel à Madame de Saint-Vincent, de votre idée chimérique de calcage.

Vos Experts à qui vous aviez remis votre Traité de Ragueneau pour s'y conformer, & qui l'avoient sans doute mieux

lu

lu que vous, soutiennent dans leurs dernieres confrontations, QU'ILS N'ONT JAMAIS DIT (comme vous le supposez, vous Marion) QUE TOUT EUT ÉTÉ CALQUE' OU CONTRE-TIRÉ ; & ce qui est digne de l'attention de la Cour, QU'ILS N'ONT JAMAIS DIT QUE LES CONSTATE'S DES DOUZE BILLETS FUSSENT CONTRE-TIRÉS. Ils ajoutent, à l'égard des missives, QU'ILS N'ONT POINT AVANCE' QUE TOUTES LES LETTRES EUSSENT ÉTÉ CALQUÉES. La conséquence simple, naturelle, nécessaire, est que les douze constatés des billets, & plusieurs des lettres arguées, sont de la main & de la propre écriture de M. le Maréchal, comme Marion l'avoit reconnu & confessé de sa bouche, lorsque Me Guinot & Rubit lui en présenterent trois ; qu'il leur proposa d'acquérir à son profit à perte de finance, en s'expliquant sur la facilité de M. le Maréchal à contracter ces sortes d'engagemens, dans des termes injurieux à son Maître, & trop libres pour être rapportés.

Les Experts, en se défendant d'avoir déposé que l'écriture des douze constatés, & plusieurs des lettres, eussent été *calquées & contre-tirées*, se sont bien donné garde d'ajouter qu'elles ont été contrefaites ou imitées naturellement *par une main intelligente & assurée*, parce qu'ils avoient vu dans le Traité de Ragueneau, que c'est l'imitation la plus difficile, & qu'à peine *dans une grande multitude de signatures, s'en pourroit-il rencontrer par hasard une seule parfaitement semblable* à l'original. Il seroit donc infiniment plus difficile de réussir de cette maniere à écrire douze fois *bon pour soixante mille livres*, *bon pour vingt-cinq mille livres*, & de composer les corps entiers des lettres raisonnées qui n'ont pas été calquées & contre-tirées, & qui contiennent des nouvelles & des secrets de la Cour, que Madame de Saint-Vincent ne pouvoit savoir dans l'intérieur d'un Monastere.

Marion lui-même ne prétend pas que les douze constatés, & les lettres non-calquées ni contre-tirées, soient écrites naturellement de la main de Madame de Saint-Vincent : il y a autant de distance de sa façon d'écrire à celle de M. le Maréchal, que d'un pole à l'autre.

N'est-ce pas une dérision à Justice, d'opposer à Madame de Saint-Vincent, qu'elle ne prouve & n'articule aucun fait de subornation & de faux témoignages, pendant qu'elle a rendu trois plaintes consécutives, dont M. le Maréchal & son Intendant ont arrêté & suspendu les informations à dessein d'en faire périr les preuves; mais malgré les obstacles qu'ils y ont apportés, les nouvelles confrontations ont si bien dévoilé tous les mysteres d'iniquité, que Marion lui-même ne sait comment les excuser.

Pag. 11. *Nous ignorons*, dit-il, *ce que les Experts ont déclaré....: On ignore sur quel fondement Clermont a fait à Doumain une*

Pag. 16. *promesse qui étoit au moins indiscrete. .... La Dame de Saint-Jean, & le sieur Dumas déposent* DE VISU *du faux accepté;*

Pag. 18 & 20. *l'acceptation portoit le vrai nom de Peixotto.... Le sieur Julien en a déposé aussi personnellement.* Ce fait est un mensonge

Même pag. 18. démenti par les déposition & confrontation du sieur Julien, qui constatent le faux témoignage de la Dame de Saint-Jean & du sieur Dumas.

Pag. 21. *Nous n'ignorons point que Combette a été voir Canron plusieurs fois dans sa prison.... Nous ignorons les détails de ses visites. Le fait vague de recrutage de témoins n'est point justifié.* Il le seroit si on ne se fût pas opposé à la preuve de subornation.

Pag. 22 & 23. *Les reproches contre Roquetaillade sont pertinens, M. le Maréchal les ignoroit.* Les réponses aux reproches des autres témoins sont de la même trempe. Marion finit par une équivoque de mauvaiſe foi, ſur la carte contenant l'adreſſe des femmes de Poitiers, « que Clermont a ſuppoſé être écrite de » la main de la femme de chambre de Madame de Saint- » Vincent, *qui, à ſa vue, ſe trouva mal, on fut obligé de* » *lui ſervir un verre d'eau.* La carte fut dépoſée, & le len- » demain le ſieur de Vedel demanda à la voir. On doit ſe défier » des citations de Madame de Saint-Vincent de ce qui s'eſt » paſſé aux confrontations ».

On doit bien plus ſe défier des menſonges continuels de Marion. La carte de Clermont n'eſt point & ne peut pas être celle écrite de la main de la femme de chambre qu'on l'avoit défié de repréſenter; ayant prévu qu'on la lui demanderoit, il en tira une de ſa poche, qui, étant fauſſe, a dû le couvrir de confuſion. Madame de Saint-Vincent, qui a retenu des notes après ſes confrontations, ſait très-bien qu'elle y a fait écrire, que *tout ce que diſoit Clermont de ſa viſite aux femmes de Poitiers, étoit une fable par lui ſuppoſée, parce qu'il ſavoit qu'elle avoit plus de connoiſſance de cette viſite que des autres; que la preuve en étoit que la carte qu'il produiſoit, comme écrite par ſa femme de chambre, étoit fauſſe, parce que ſa femme de chambre ſait ſi peu écrire, qu'elle ne pourroit pas faire une pareille adreſſe, pouvant à peine former des* a *& des* b. *C'eſt pourquoi elle perſiſte dans ſes reproches* (de ſubornation). Réponſes.

La Cour peut vérifier ſur le procès-verbal de confrontation, que ces reproches ſont exacts, & qu'il eſt faux que Clermont ait repréſenté une carte de la main de la femme de chambre, puiſqu'elle ne ſait pas écrire. La ſubornation de Doumain étant avouée par la même confrontation, le Secrétaire & l'Intendant ſont auſſi indignes de croyance l'un que l'autre.

Marion donne pour *obſervation particuliere*, un prétendu P. 8, nouvelles Obſervations.

www.ingramcontent.com/pod-product-compliance
Lightning Source LLC
LaVergne TN
LVHW011505170726
843501LV00009B/3611

* 9 7 8 2 3 2 9 6 2 0 0 0 8 *